Impressum
Verlag: BABADADA GmbH, Nedderfeld 112 , 22529 Hamburg
Geschäftsführer / Verlagsleitung: Harald Hof
Druck: Books on Demand GmbH, In de Tarpen 42, 22848 Norderstedt

Imprint
Publisher: BABADADA GmbH, Nedderfeld 112 , 22529 Hamburg, Germany
Managing Director / Publishing direction: Harald Hof
Print: Books on Demand GmbH, In de Tarpen 42, 22848 Norderstedt, Germany

школа

skole

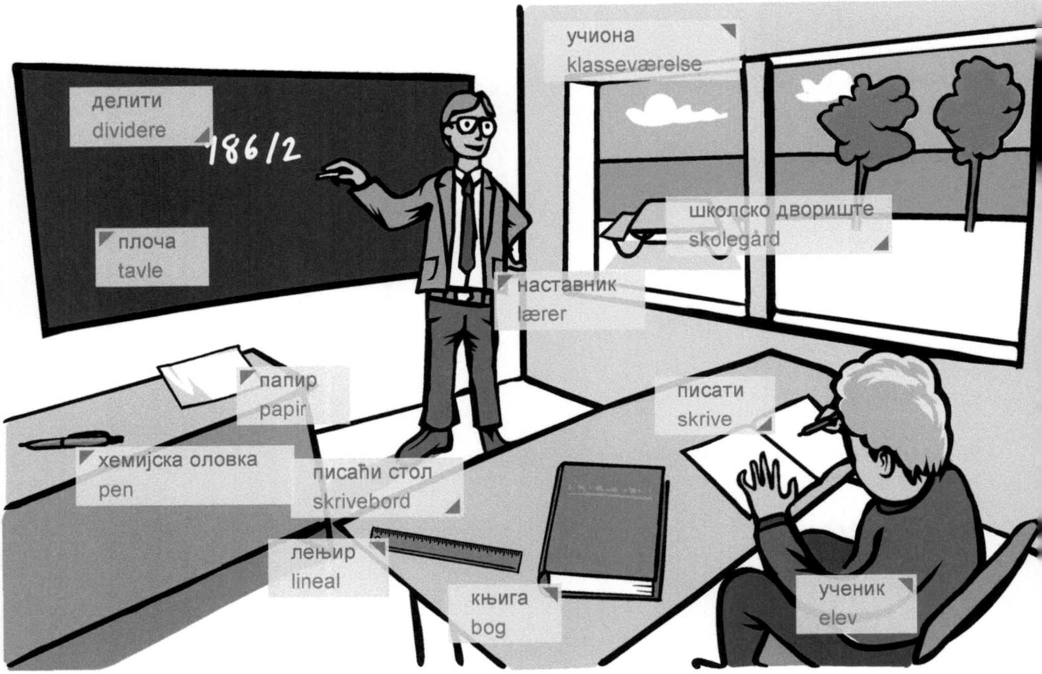
учиона
klasseværelse
делити
dividere
186/2
плоча
tavle
школско двориште
skolegård
наставник
lærer
папир
papir
писати
skrive
хемијска оловка
pen
писаћи стол
skrivebord
лењир
lineal
књига
bog
ученик
elev

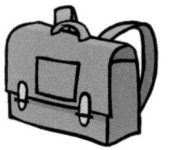

торба

skoletaske

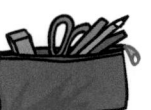

перница

penalhus

графитна оловка

blyant

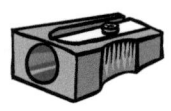

шиљило за оловке

blyantspidser

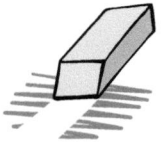

гумица за брисање

viskelæder

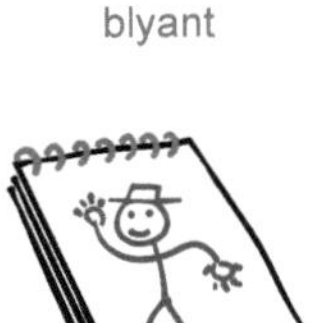

блок за цртање

tegneblok

цртеж

tegning

кист

pensel

кутија са бојама

æske med vandfarver

маказе

saks

лепило

lim

бележница

opgavehefte

домаћи задатак

lektie

број

tal

сабирати

addere

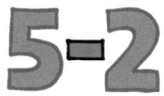

одузимати

subtrahere

множити

multiplicere

рачунати

regne

слово

bogstav

abeceda

alfabet

реч

ord

текст

tekst

читати

læse

креда

kridt

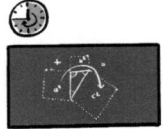

час

time

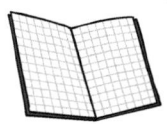

дневник

klasseprotokol

испит

eksamen

сведочанство

karakterbog

школска униформа

skoleuniform

образовање

uddannelse

лексикон

leksikon

универзитет

universitet

микроскоп

mikroskop

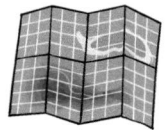

карта

kort

кошара за папир

papirkurv

путовање
rejse

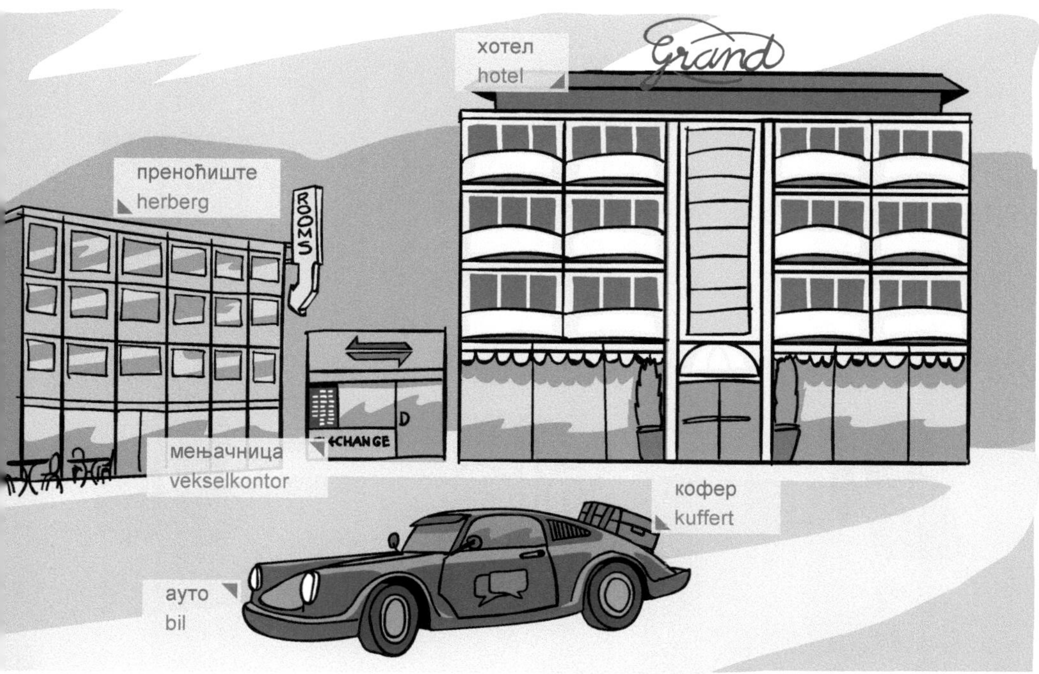
хотел
hotel
Grand
преноћиште
herberg
ROOMS
мењачница
vekselkontor
CHANGE
кофер
kuffert
ауто
bil

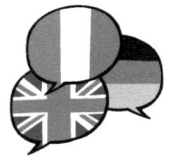

језик

sprog

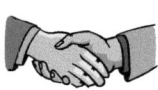

да / не

ja / nej

океј

okay

здраво

hej

преводилац

oversætter

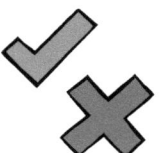

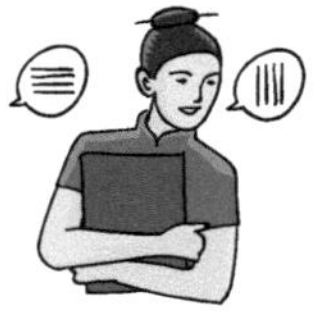

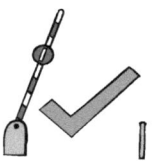

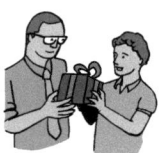

хвала

tak

Колико кошта...?

hvad koster...?

не разумем

Jeg forstår ikke

проблем

problem

добро вече!

God aften!

Добро јутро!

God morgen!

Лаку ноћ!

God nat!

довиђења

farvel

смер

retning

пртљага

bagage

торба

taske

руксак

rygsæk

гост

gæst

соба

værelse

врећа за спавање

sovepose

шатор

telt

уристичке информације

turistinformation

плажа

strand

кредитна картица

kreditkort

доручак

morgenmad

ручак

middagsmad

вечера

aftensmad

карта за вожњу

billet

лифт

elevator

поштанска маркица

frimærke

граница

grænse

царина

told

амбасада

ambassade

виза

visum

пасош

pas

транспорт

transport

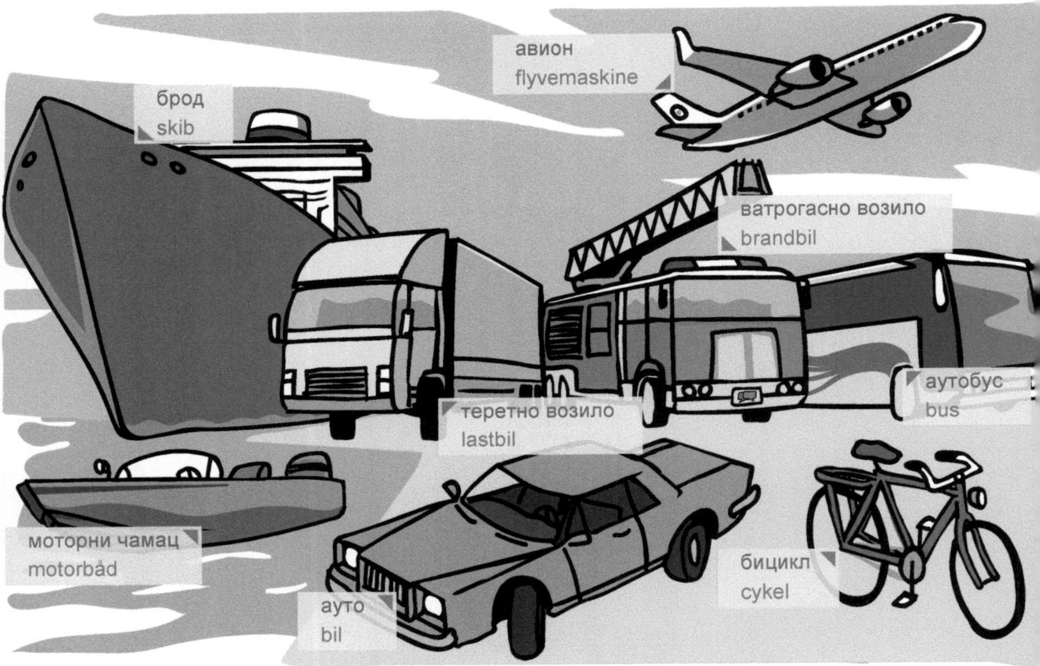
авион
flyvemaskine
брод
skib
ватрогасно возило
brandbil
аутобус
bus
теретно возило
lastbil
моторни чамац
motorbåd
бицикл
cykel
ауто
bil

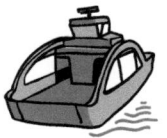

трајект

færge

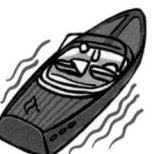

чамац

båd

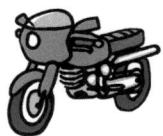

мотоцикл

motorcykel

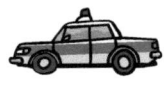

полицијски ауто

politibil

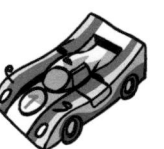

тркаћи ауто

racerbil

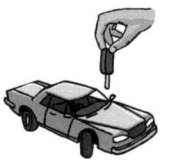

изнајмљено ауто

lejebil

дељење аутомобила

samkørsel

вучно возило

kranbil

возило за одвоз смећа

skraldebil

мотор

motor

бензин

benzin

бензинска станица

tankstation

саобраћајни знак

trafikskilt

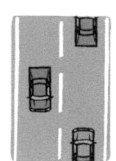

саобраћај

trafik

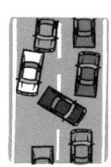

застој

trafikprop

паркиралиште

parkeringsplads

железничка станица

banegård

шине

skinner

воз

tog

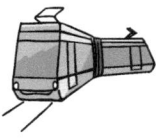

трамвај

sporvogn

вагон

wagon

хеликоптер

helikopter

аеродром

lufthavn

кула

tårn

путник

passager

контејнер

container

картон

karton

колица

kærre

корпа

kurv

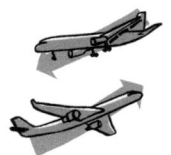

узлетети / слетети

starte / lande

град

by

село

landsby

центар града

bymidte

кућа

hus

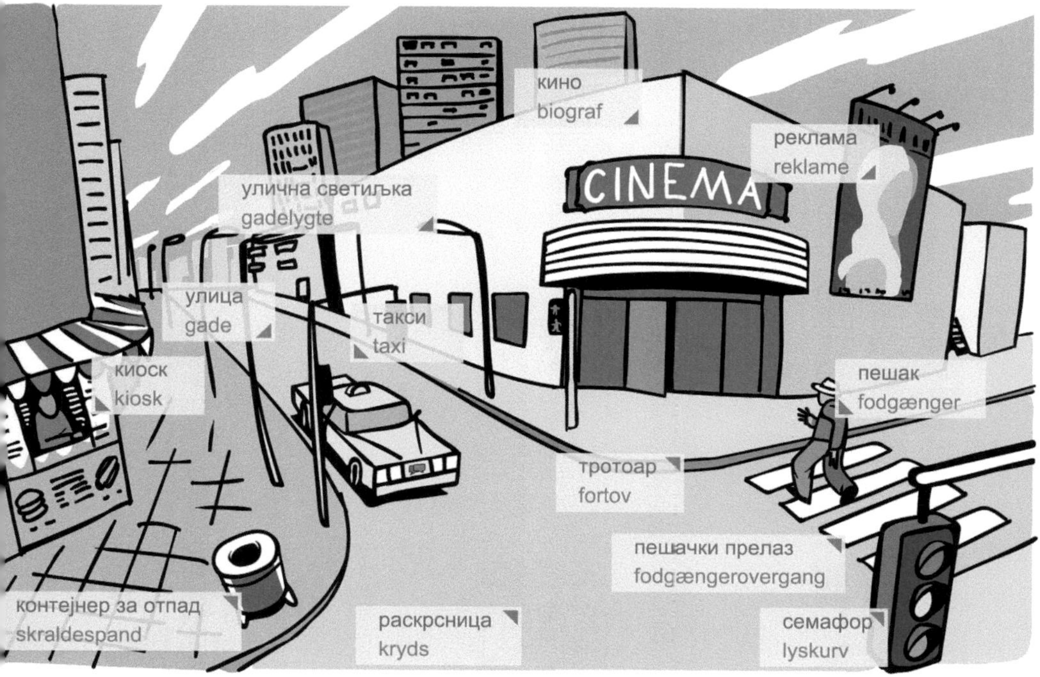

кино
biograf
реклама
reklame
CINEMA
улична светиљка
gadelygte
улица
gade
такси
taxi
киоск
kiosk
пешак
fodgænger
тротоар
fortov
пешачки прелаз
fodgængerovergang
контејнер за отпад
skraldespand
раскрсница
kryds
семафор
lyskurv

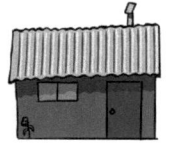

колиба

hytte

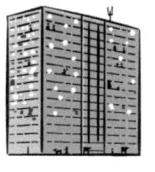

стан

lejlighed

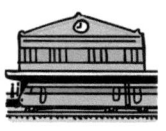

железничка станица

banegård

већница

rådhus

MUSEUM

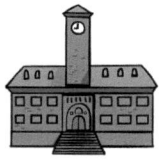

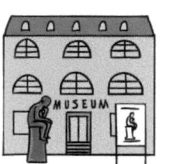

музеј

museum

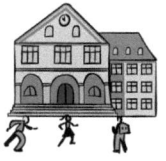

школа

skole

универзитет

universitet

банка

bank

болница

sygehus

хотел

hotel

апотека

apotek

канцеларија

kontor

књижара

boghandel

продавница

butik

цвећара

blomsterbutik

супермаркет

supermarked

трг

marked

робна кућа

stormagasin

рибарница

fiskehandler

трговачки центар

butikscenter

лука

havn

парк
park

клупа
bænk

мост
bro

степенице
trappe

подземна железница
undergrundsbane

тунел
tunnel

аутобуска станица
busstoppested

бар
barnevogn

ресторан
restaurant

поштанско сандуче
postkasse

улични знак
vejskilt

паркирни аутомат
parkometer

зоолошки врт
zoo

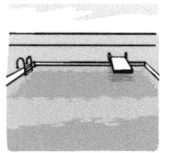

базен
badeanstalt

џамија
moske

сеоско газдинство

bondegård

загађење околине

miljøforurening

гробље

kirkegård

црква

kirke

игралиште

legeplads

храм

tempel

пејсаж

landskab

лист
blad

путоказ
vejviser

пут
vej

ливада
eng

камен
sten

шетач
vandrer

дрво
træ

река
flod

трава
græs

цвет
blomst

долина
dal

планина
bjerg

језеро
sø

шума
skov

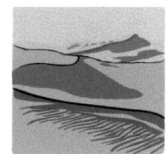

пустиња
ørken

вулкан
vulkan

дворац
slot

дуга
regnbue

гљива
svamp

палма
palme

москито
moskito

мува
flue

мрав
myre

пчела
bi

паук
edderkop

пејсаж - landskab

буба

bille

жаба

frø

веверица

egern

јеж

pindsvin

зец

hare

сова

ugle

птица

fugl

лабуд

svane

дивља свиња

vildsvin

јелен

hjort

лос

elg

насип

dæmning

ветрењача

vindmølle

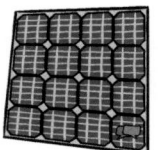

соларна плоча

solcellemodul

клима

klima

ресторан
restaurant

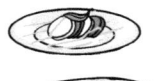

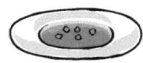

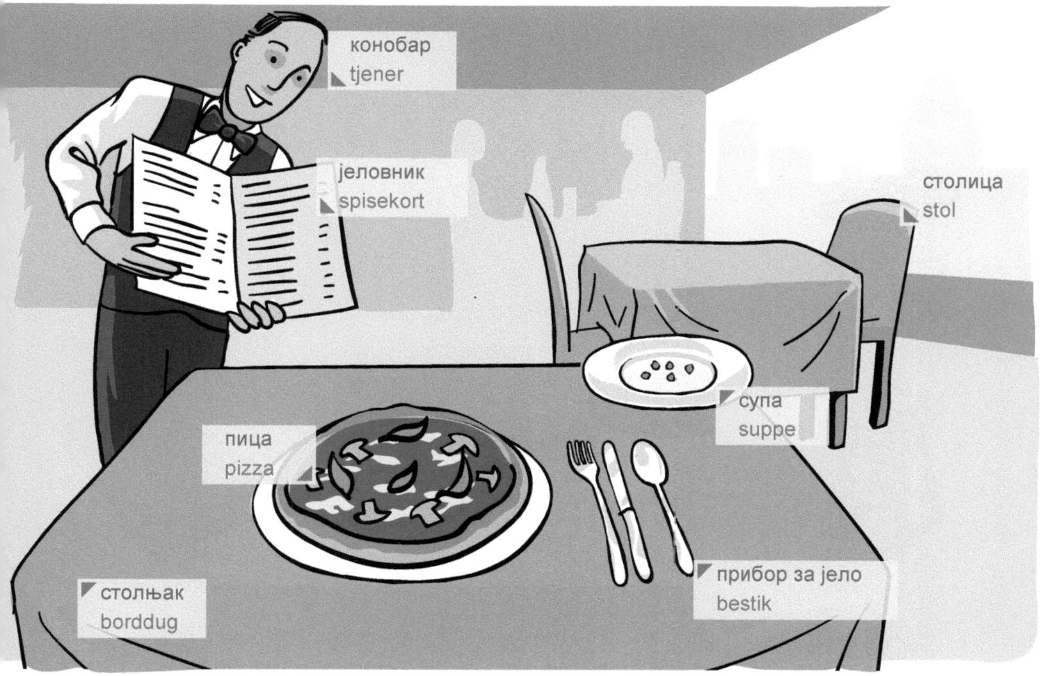
конобар
tjener
јеловник
spisekort
столица
stol
супа
suppe
пица
pizza
прибор за јело
bestik
стољњак
borddug

предјело
forret

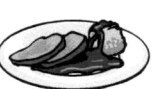

главно јело
hovedret

десерт
dessert

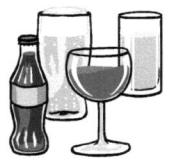

напитци
drikkevarer

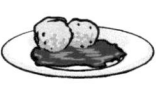

јело
mad

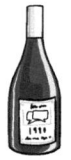

флаша
flaske

брза храна

fastfood

имбис храна

streetfood

чајник

tekande

доза за шећер

sukkerdåse

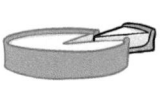

порција

portion

апарат за еспресо

espressomaskine

висока столица

barnestol

рачун

faktura

послужавник

tablet

нож

kniv

виљушка

gaffel

кашика

ske

чајна кашика

teske

салвета

serviet

чаша

glas

тањир

tallerken

тањир за супу

dyb tallerken

тањирић

underkop

сос

sovs

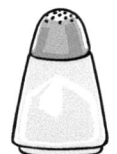

сољенка

saltbøsse

млин за бибер

peberkværn

сирће

eddike

уље

olie

зачини

krydderier

кечап

ketchup

сенф

sennep

мајонеза

mayonnaise

супермаркет
supermarked

понуда
tilbud
FOR
купац
kunde
млечни производи
mælkeprodukter
воће
frugt
колица за куповину
indkøbsvogn

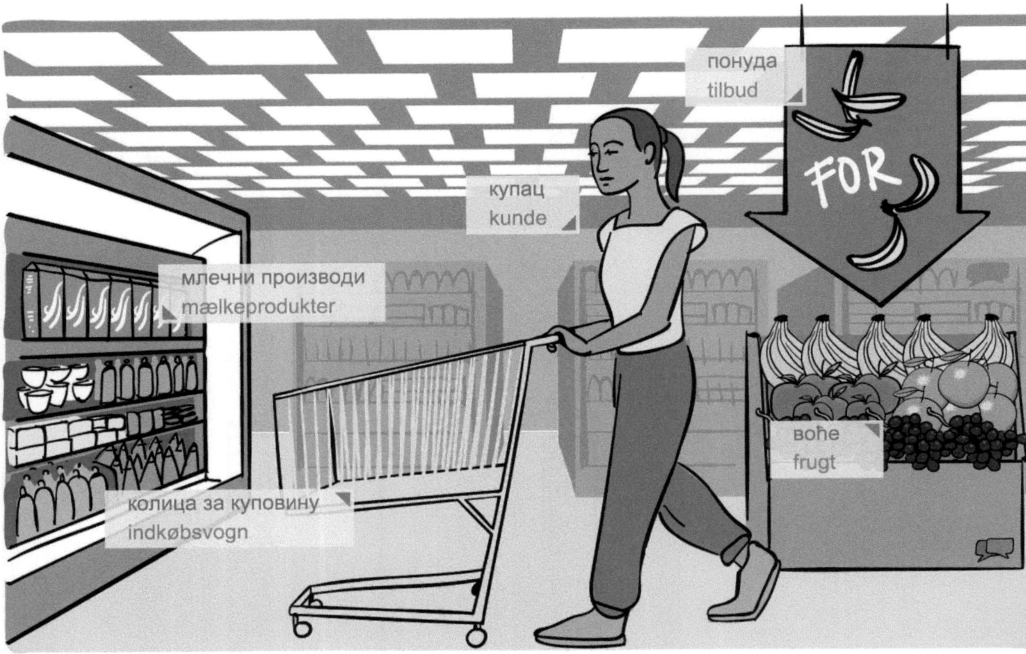

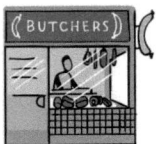

BUTCHERS

месница
slagter

BAKERY

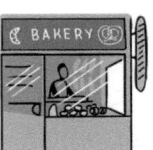

пекара
bageri

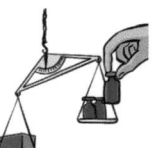

вагати
veje

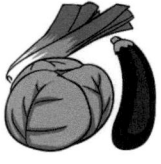

поврће
grøntsager

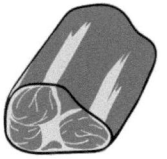

месо
kød

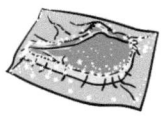

смрзнута храна
frostvarer

нарезак

pálæg

конзерве

konserves

средство за прање

vaskemiddel

слаткиши

slik

артикли за домаћинство

husholdningsvarer

средства за чишћење

rengøringsmidler

продавачица

ekspedient

благајна

kasse

благајник

kasserer

листа за куповину

indkøbsliste

време рада

åbningstider

новчаник

tegnebog

кредитна картица

kreditkort

торба

taske

пластична кеса

plasticpose

вода

vand

сок

saft

млеко

mælk

кола

cola

вино

vin

пиво

øl

алкохол

alkohol

какао

kakao

чај

te

кава

kaffe

еспресо

espresso

капучино

cappuccino

банана

banan

јабука

æble

наранџа

appelsin

лубеница

melon

лимун

citron

шаргарепа

gulerod

бели лук

hvidløg

бамбус

bambus

лук

løg

гљива

svamp

орашасти плодови

nødder

резанци

nudler

шпагете

spaghetti

рижа

ris

салата

salat

помфрит

pomfritter

печени крумпир

stegte kartofler

пица

pizza

хамбургер

hamburger

сендвич

sandwich

шницла

schnitzel

шунка

skinke

салама

salami

кобасица

pølse

кокош

kylling

печење

steg

риба

fisk

зобене пахуљице

havregryn

мусли

mysli

кукурузне пахуљице

cornflakes

брашно

mel

кроасан

croissant

пециво

rundstykke

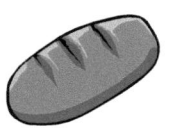

хлеб

brød

тоаст

toast

кекси

kiks

маслац

smør

свежи сир

kvark

колач

kage

jaje

æg

jaje на око

spejlæg

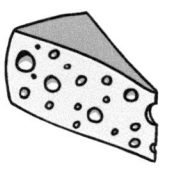

сир

ost

сладолед

is

шећер

sukker

мед

honning

мармелада

marmelade

нугат крема

nougat-creme

кари

karry

сеоско газдинство
bondegård

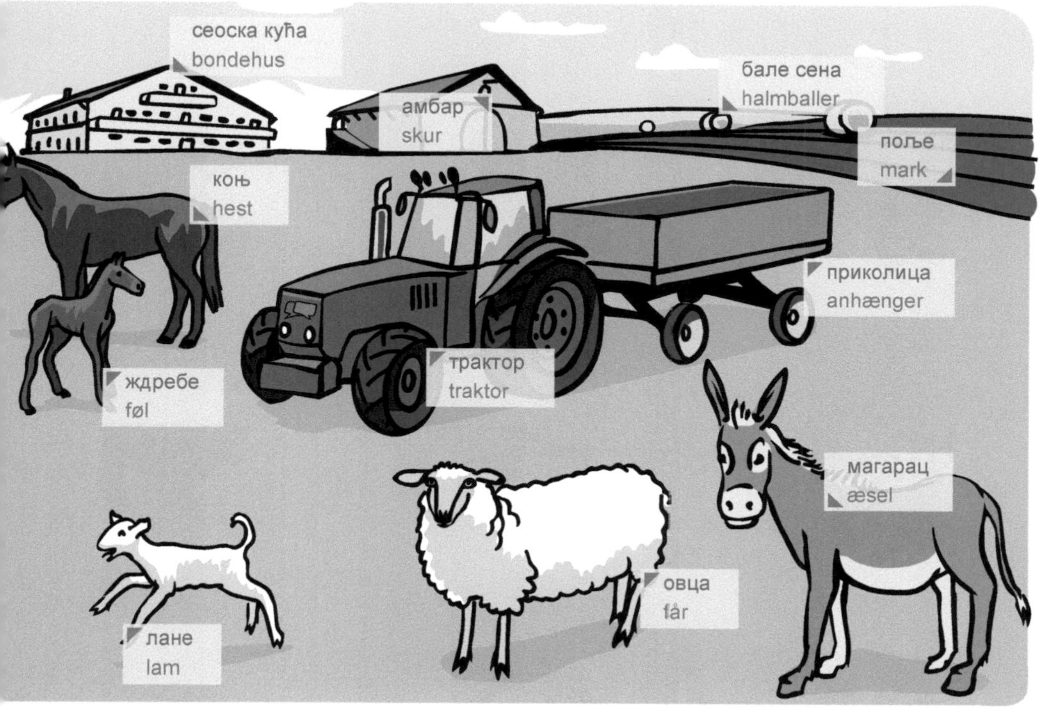
сеоска кућа
bondehus
бале сена
halmballer
амбар
skur
поље
mark
коњ
hest
приколица
anhænger
трактор
traktor
ждребе
føl
магарац
æsel
овца
får
лане
lam

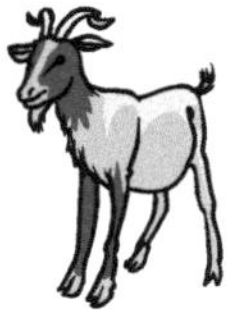
коза
ged

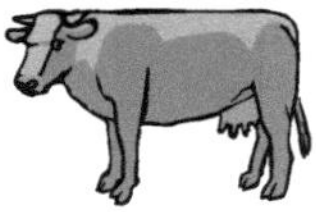
крава
ko

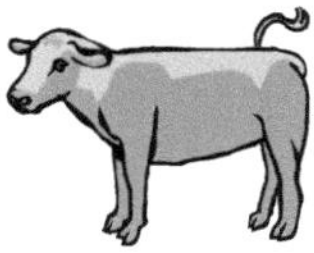
теле
kalv

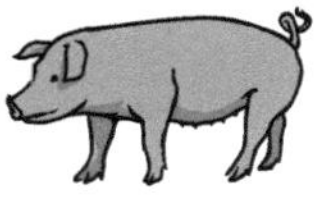
свиња
svin

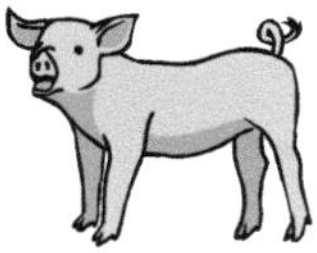
прасе
gris

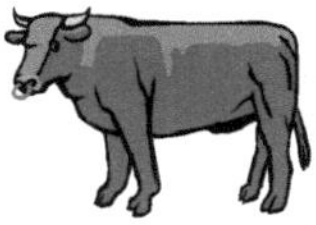
бик
tyr

гуска
gås

патка
and

пилићи
kylling

кокош
høne

петао
hane

пацов
rotte

мачка
kat

миш
mus

вол
okse

пас
hund

кућица за пса
hundehus

вртно црево
haveslange

канта за поливање
vandkande

коса
le

плуг
plov

срп

segl

мотика

hakkejern

виљушка за ђубриво

møggreb

секира

økse

тачке

trillebør

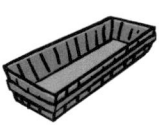

корито

trug

посуда за млеко

mælkekande

врећа

sæk

ограда

hæk

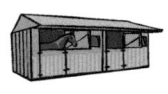

штала

stald

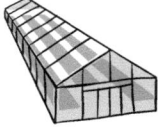

стакленик

drivhus

земља

jord

семе

frø

ђубриво

gødning

комбајн

mejetærsker

жети

høste

жетва

høst

јамс зачин

yams

пшеница

hvede

соја

soja

крумпир

kartoffel

кукуруз

majs

уљана репица

raps

воћка

frugttræ

гомољ маниоке

maniok

житарице

korn

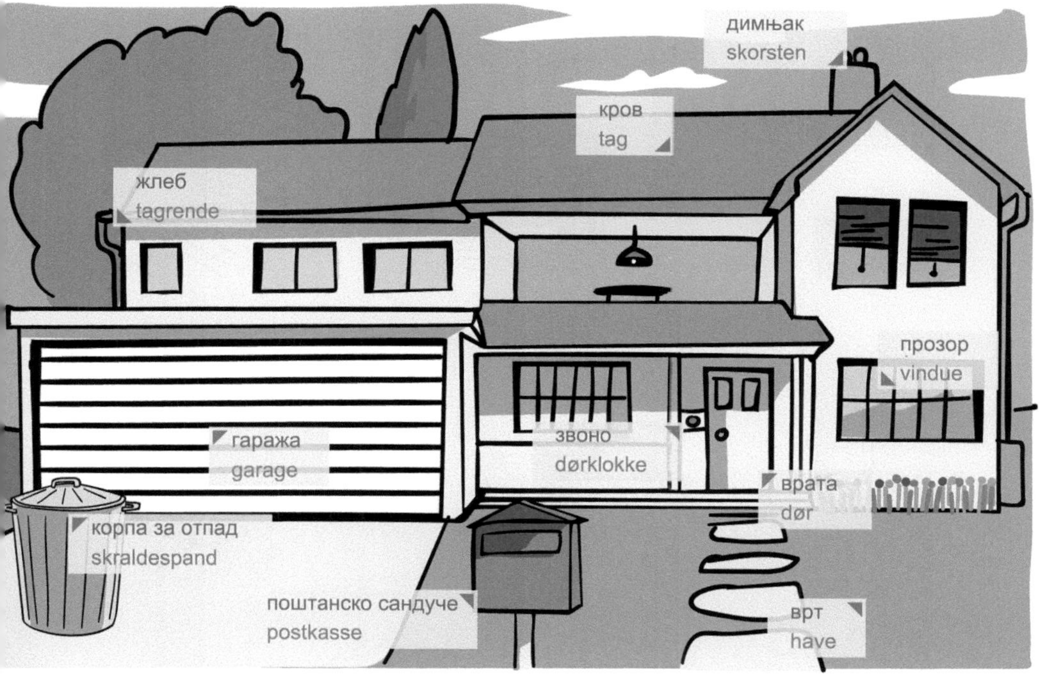

димњак
skorsten

кров
tag

жлеб
tagrende

прозор
vindue

гаража
garage

звоно
dørklokke

врата
dør

корпа за отпад
skraldespand

поштанско сандуче
postkasse

врт
have

дневна соба
stue

купаоница
badeværelse

кухиња
køkken

спаваћа соба
soveværelse

дечија соба
børneværelse

трпезарија
spisestue

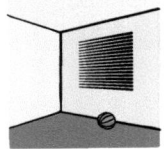

под
gulv

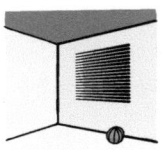

зид
væg

строп
loft

подрум
kælder

сауна
sauna

балкон
altan

тераса
terrasse

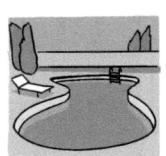

базен
svømmehal

косилица за траву
plæneklipper

постељина за кревет
dynebetræk

дека за кревет
dyne

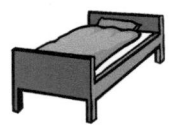

кревет
seng

метла
kost

канта
spand

прекидач
kontakt

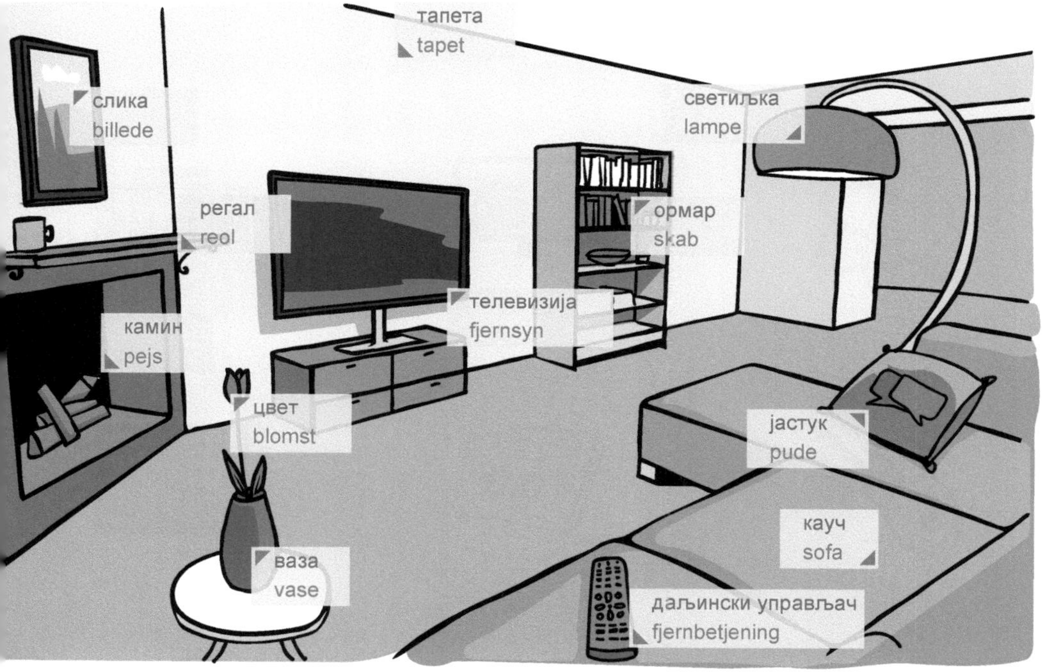

тапета
tapet

слика
billede

светиљка
lampe

регал
reol

ормар
skab

телевизија
fjernsyn

камин
pejs

цвет
blomst

јастук
pude

кауч
sofa

ваза
vase

даљински управљач
fjernbetjening

тепих
gulvtæppe

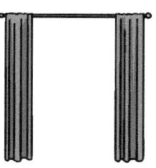

завеса
gardin

сто
bord

столица
stol

столица за њихање
gyngestol

фотеља
lænestol

књига

bog

дека

tæppe

декорација

dekoration

дрво за огрев

brænde

филм

film

хи-фи уређај

stereoanlæg

кључ

nøgle

новине

avis

слика на платну

maleri

постер

plakat

радио

radio

блок за писање

notesblok

усисивач

støvsuger

кактус

kaktus

свећа

lys

дневна соба - stue

кухиња
køkken

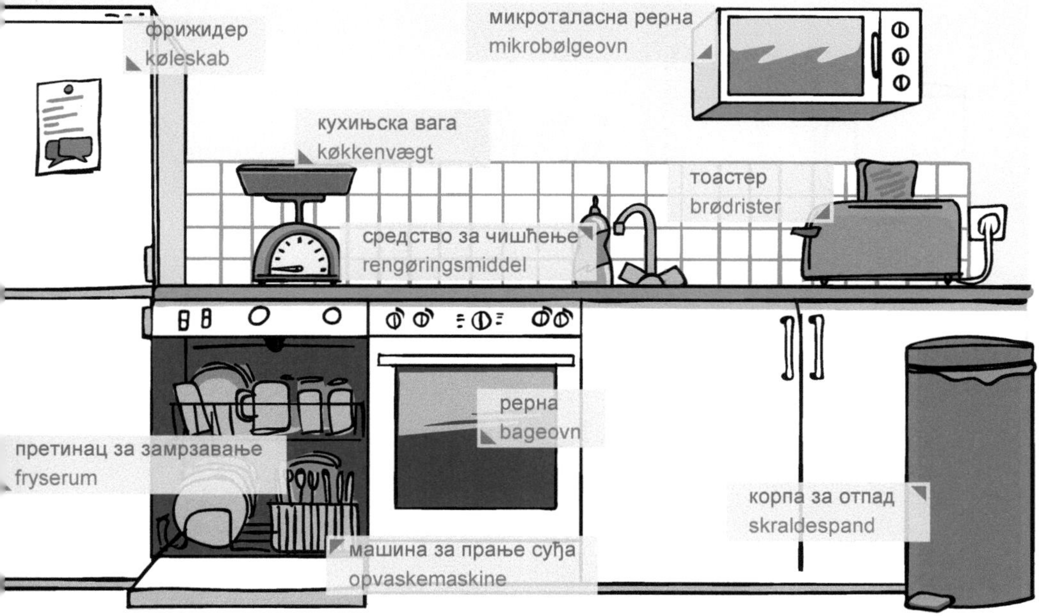

фрижидер
køleskab
микроталасна рерна
mikrobølgeovn
кухињска вага
køkkenvægt
тоастер
brødrister
средство за чишћење
rengøringsmiddel
рерна
bageovn
претинац за замрзавање
fryserum
корпа за отпад
skraldespand
машина за прање суђа
opvaskemaskine

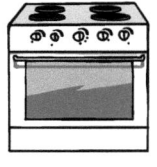

шпорет

komfur

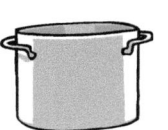

лонац

gryde

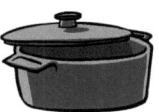

гвоздени лонац

jerngryde

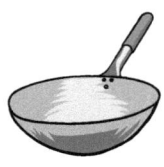

вок / кадаи

wok / kadai

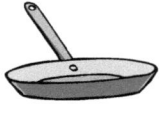

тава

pande

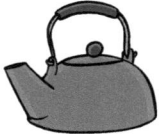

кувало за воду

elkedel

кувало на пару

dampkoger

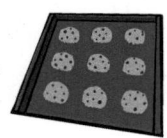

лим за печење

bageplade

посуђе

service

чаша

bæger

посуда

skål

штапићи за јело

spisepinde

кутлача

øseske

лопатица

paletkniv

пењача

piskeris

сито за кување

dørslag

сито

si

рибеж

rive

мужар

morter

роштиљ

grille

огњиште

ildsted

даска
skærebræt

оклагија
kagerulle

вадичеп
proptrækker

конзерва
dåse

отварач конзерви
dåseåbner

крпа за лонац
grydelap

судопер
køkkenvask

четка
børste

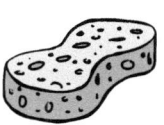

сунђер
svamp

миксер
blender

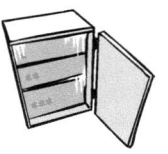

замрзивач
dybfryser

флашица за бебе
sutteflaske

славина за воду
vandhane

купаоница

badeværelse

туш
brusebad
грејање
radiator
пешкир
håndklæde
завеса за туш
bruserforhæng
пенушава купка
skumbad
када
badekar
чаша
glas
машина за прање веша
vaskemaskine
славина за воду
vandhane
плочице
fliser
тута
tissepotte
судопер
køkkenvask

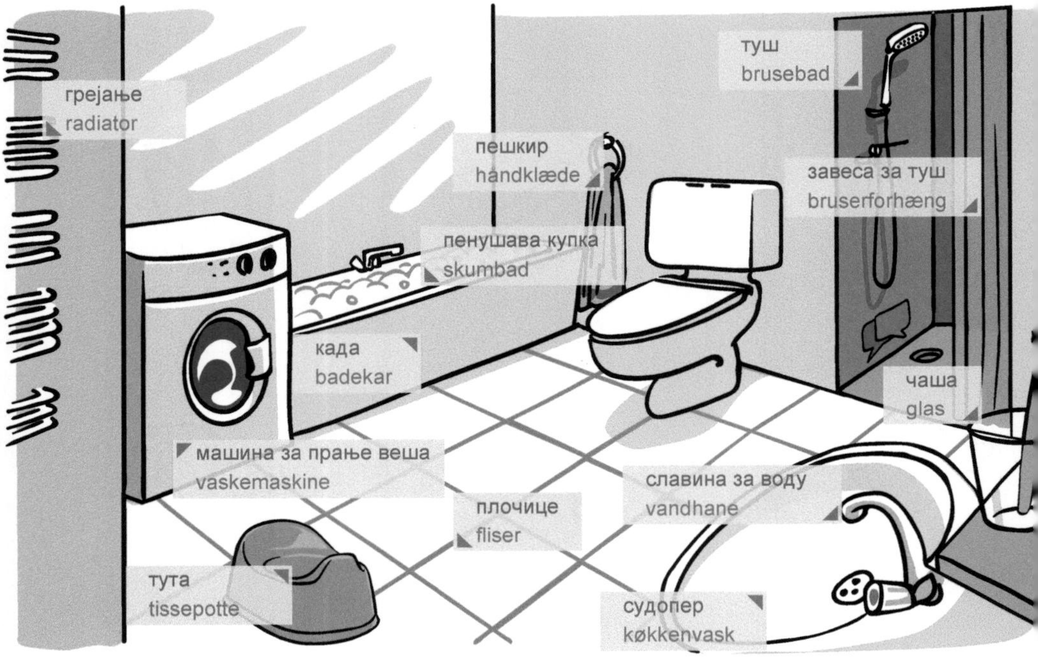

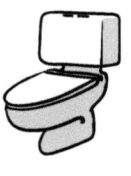

тоалет

toilet

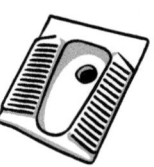

чучавац

hugsiddende toilet

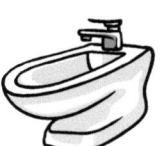

бидет

bidet

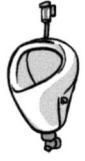

писоар

pissoir

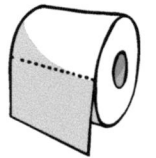

тоалетни папир

toiletpapir

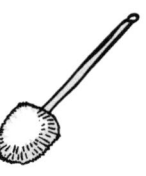

четка за тоалет

toiletbørste

четкица за зубе

tandbørste

паста за зубе

tandpasta

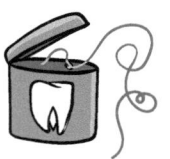

конац за зубе

tandtråd

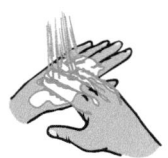

прати

vaske

туш ручица

håndbruser

туш за прање интимних делова

intimbruser

лавор

vaskefad

четка за прање леђа

badebørste

сапун

sæbe

гел за туширање

brusegele

шампон

shampoo

крпа за прање

vaskeklud

одвод

afløb

крема

creme

дезодоранс

deodorant

огледало

spejl

козметичко огледало

kosmetikspejl

бријач

barberhøvl

пена за бријање

barberskum

лосион за после бријања

barbervand

чешаљ

kam

четка

børste

фен за косу

hårtørrer

спреј за косу

hårspray

шминка

makeup

руж за усне

læbestift

лак за нокте

neglelak

вата

vat

маказе за нокте

neglesaks

парфем

parfume

козметичка торбица

toilettaske

столица

skammel

вага

vægt

огртач

badekåbe

рукавице за чишћење

gummihandsker

тампон

tampon

уложак

damebind

хемијски тоалет

kemisk toilet

дечија соба
børneværelse

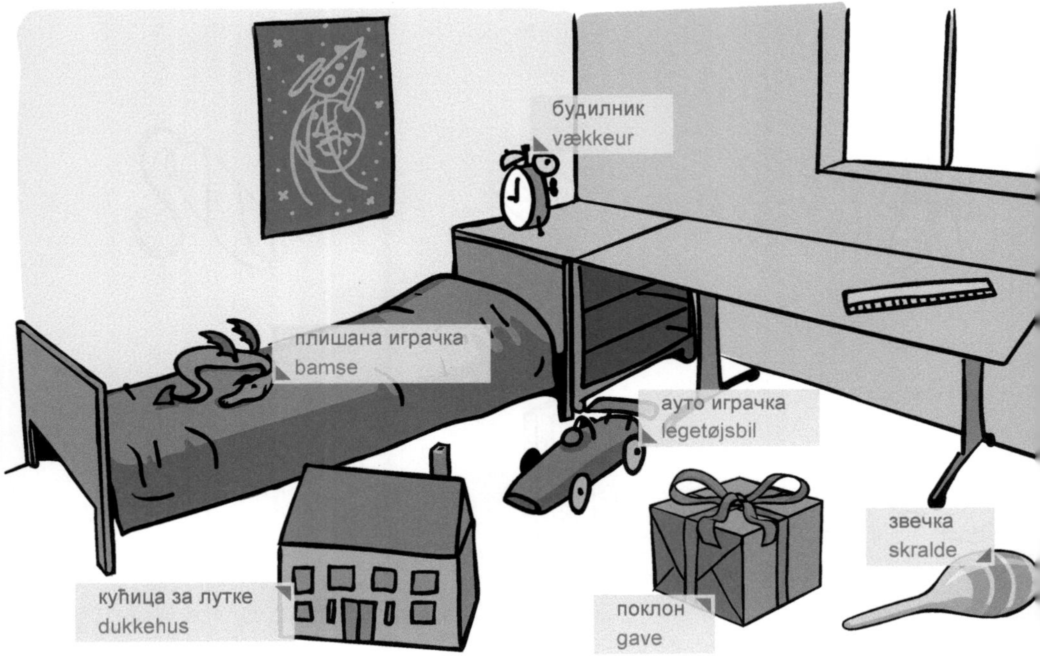

будилник
vækkeur
плишана играчка
bamse
ауто играчка
legetøjsbil
звечка
skralde
кућица за лутке
dukkehus
поклон
gave

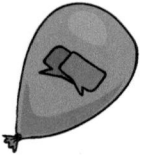

балон

ballon

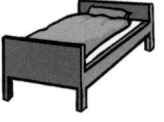

кревет

seng

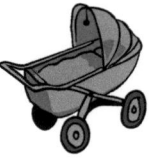

дјечија колица

barnevogn

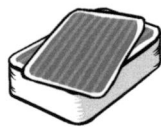

игра са картама

kortspil

слагалица

puslespil

SUPER
MEGA

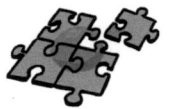

стрип

tegneserie

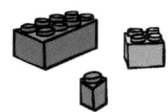

лего коцкице

legoklodser

коцкице за слагање

byggeklodser

акциони јунак

action figur

бенкица за бебе

sparkedragt

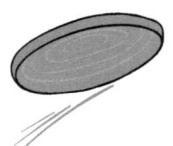

фризби

frisbee

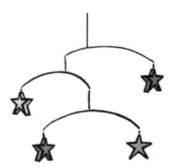

висеће играчке

uro

друштвене игре

brætspil

коцка

terning

минијатурна жељезница

modeljernbane

дуда

sut

забава

fest

сликовница

billedbog

лопта

bold

лутка

dukke

играти

lege

пешчаник

sandkasse

љуљачка

gynge

играчка

legetøj

конзола за игре

spillekonsol

трицикл

trehjulet cykel

теди

bamse

ормар

klædeskab

одећа

tøj

кратке чарапе

sokker

чарапе

strømper

хулахопке

strømpebukser

шал
sjal

кишобран
paraply

майица
T-shirt

каиш
bælte

чизме
støvler

папуче
hjemmesko

патике
sneakers

сандале
....
sandaler

ципеле
....
sko

гумене чизме
....
gummistøvler

гаћице
....
underbukser

грудњак
....
BH

поткошуља
....
undertrøje

боди

body

панталоне

bukser

фармерке

jeans

сукња

nederdel

блуза

bluse

кошуља

skjorte

џемпер

pullover

џемпер с капуљачом

sweatshirt

сако

blazer

јакна

jakke

мантил

frakke

кабаница

regnfrakke

костим

kostume

хаљина

kjole

венчаница

brudekjole

одело

jakkesæt

спаваћица

nattrøje

пиџама

pyjamas

сари

sari

марама за главу

hovedtørklæde

турбан

turban

бурка

burka

кафтан

kaftan

абаја

abaya

купаћи костим

badedragt

купаће гаћице

badebukser

кратке панталоне

korte bukser

одећа за тренинг

træningsdragt

кецеља

forklæde

рукавице

handsker

дугме

knap

наочаре

briller

наруквица

armbånd

огрлица

kæde

прстен

ring

наушница

ørering

капа

hue

вешалица

bøjle

шешир

hat

кравата

slips

патент затварач

lynlås

кацига

hjelm

нараменице

seler

школска униформа

skoleuniform

униформа

uniform

подбрадак

hagesmæk

дуда

sut

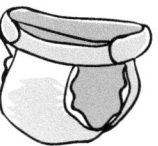

пелена

ble

канцеларија
kontor

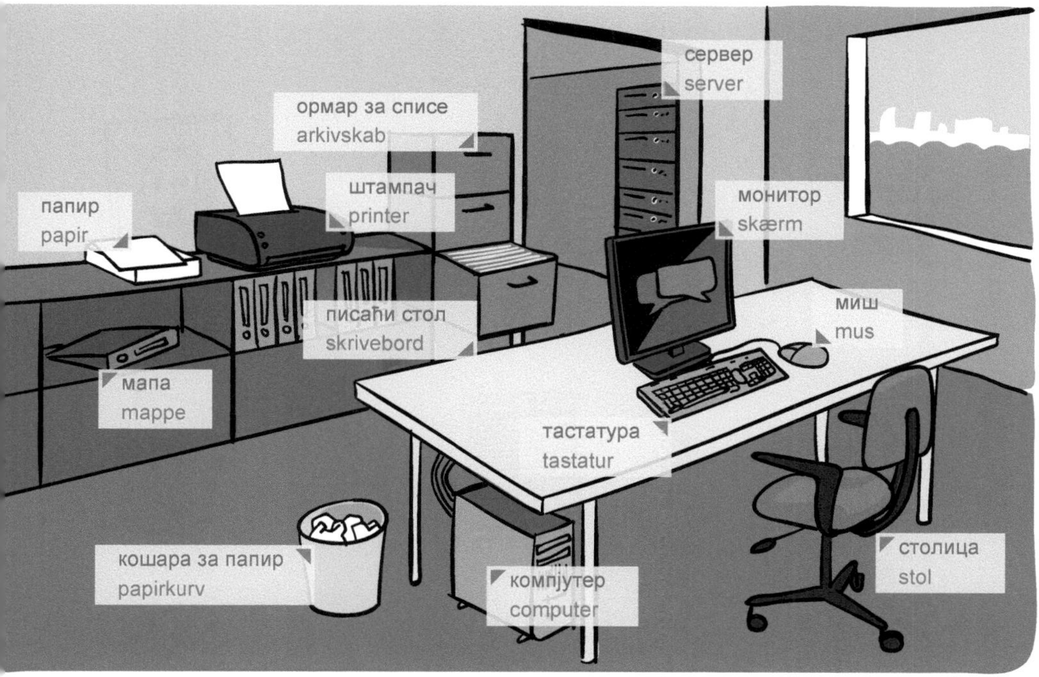

сервер
server

ормар за списе
arkivskab

штампач
printer

монитор
skærm

папир
papir

писаћи стол
skrivebord

миш
mus

мапа
mappe

тастатура
tastatur

кошара за папир
papirkurv

столица
stol

компјутер
computer

шалица за каву

kaffekrus

калкулатор

lommeregner

интернет

internet

лаптоп

bærbar

писмо

brev

порука

besked

мобилни телефон

mobil

мрежа

netværk

уређај за копирање

kopimaskine

софтвер

software

телефон

telefon

утичница

stikdåse

факс

fax

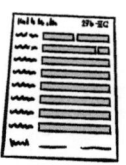

формулар

formular

документ

dokument

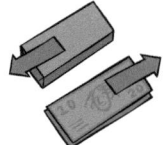

купувати
....
købe

платити
....
betale

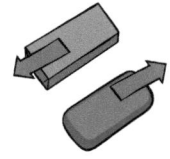

трговати
....
handle

новац
....
penge

долар
....
dollar

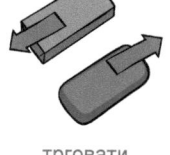

евро
....
euro

јен
....
yen

рубља
....
rubel

швајцарски франак
....
schweizerfranc

ренминдби јуан
....
renminbi yuan

рупија
....
rupee

аутомат за новац
....
hæveautomat

мењачница

vekselkontor

злато

guld

сребро

sølv

нафта

olie

енергија

energi

цена

pris

уговор

kontrakt

порез

skat

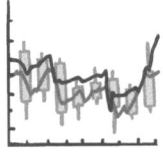

деонице

aktie

радити

arbejde

службеник

ansat

послодавац

arbejdsgiver

фабрика

fabrik

продавница

butik

економија - økonomi

занимања
erhverv

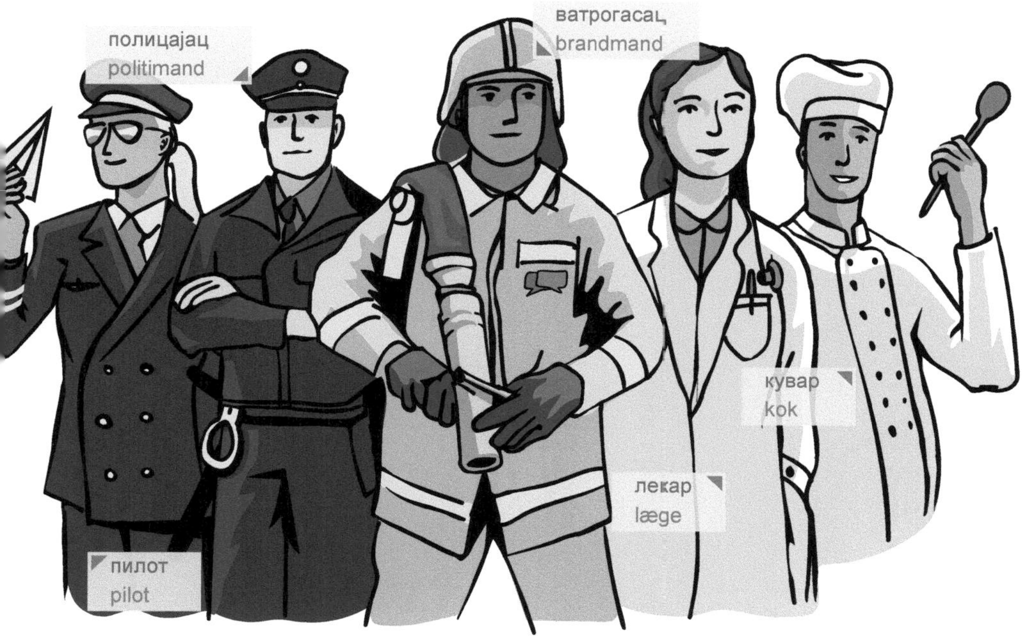
полицајац
politimand
ватрогасац
brandmand
кувар
kok
лекар
læge
пилот
pilot

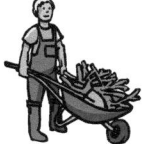

вртлар

gartner

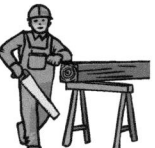

столар

tømrer

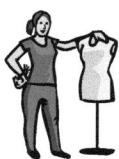

кројачица

syerske

судија

dommer

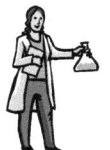

хемичар

kemiker

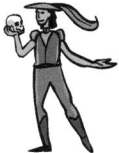

глумац

skuespiller

возач аутобуса

buschauffør

возач таксија

taxachauffør

рибар

fisker

чистачица

rengøringskone

кровопокривач

tagdækker

конобар

tjener

ловац

jæger

сликар

maler

пекар

bager

електричар

elektriker

грађевински радник

bygningsarbejder

инжењер

ingeniør

месар

slagter

лимар

vvs-mand

поштар

postbud

војник
soldat

архитекта
arkitekt

благајник
kasserer

цвећар
blomsterhandler

фризер
frisør

кондуктер
togfører

механичар
mekaniker

капетан
kaptajn

зубар
tandlæge

научник
videnskabsmand

раби
rabbiner

имам
imam

монах
munk

свећеник
præst

алати
værktøj

клешта
tang
чекић
hammer
одвијач
skruedrejer
цепна лампа
lommelygte
кључ за завртње
skruenøgle

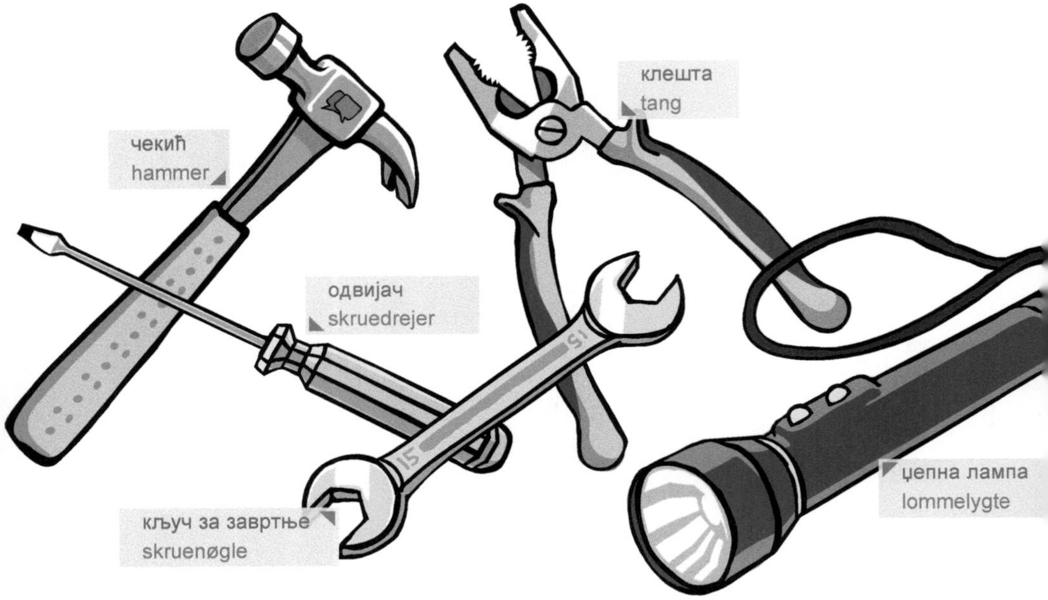

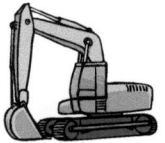

багер

gravemaskine

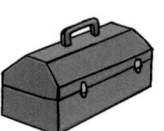

кутија за алат

værktøjskasse

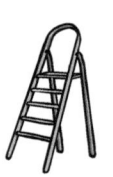

мердевине

stige

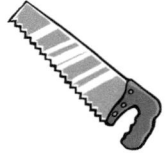

пила

sav

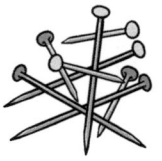

ексер

søm

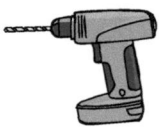

бушилица

bor

поправити

reparere

лопата

skovl

до ђавола!

Lort!

лопатица

fejebakke

лонац за боју

malerspand

завртањи

skruer

музички инструмент
musikinstrumenter

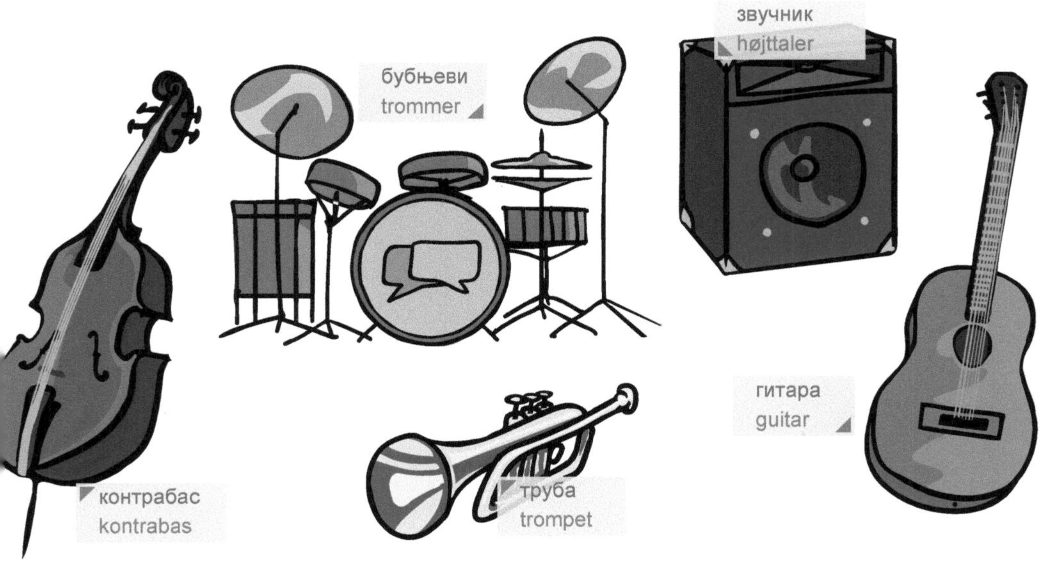

звучник
højttaler

бубњеви
trommer

гитара
guitar

контрабас
kontrabas

труба
trompet

клавир

klaver

виолина

violin

бас

bas

тимпани

pauke

удараљке за бубњеве

tromme

типке клавира

keyboard

саксофон

saxofon

флаута

fløjte

микрофон

mikrofon

музички инструмент - musikinstrumenter

зоолошки врт

zoo

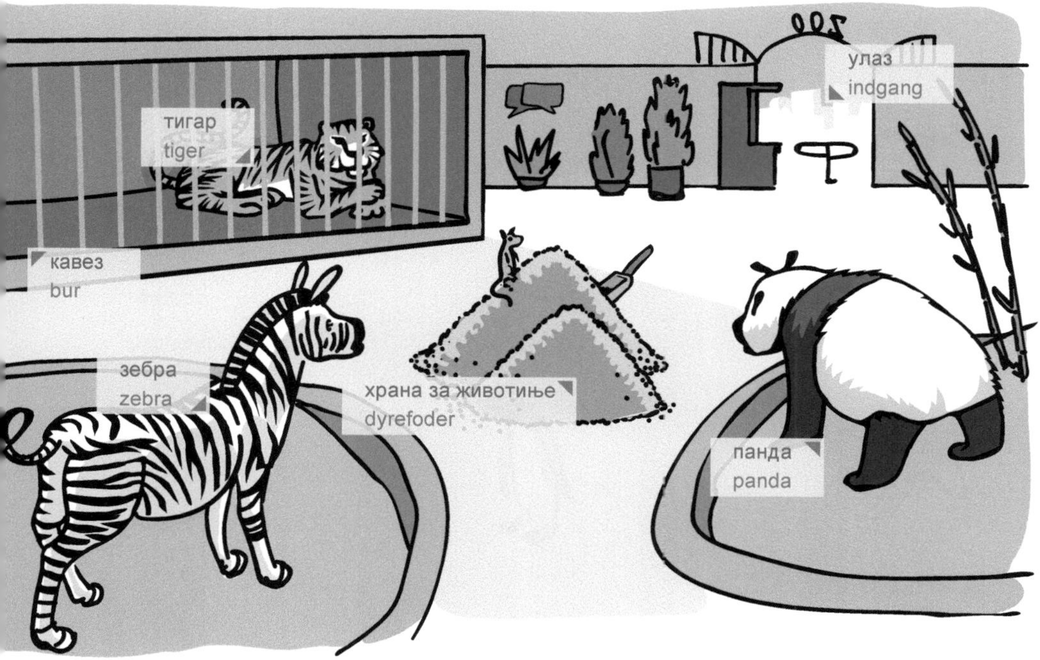

тигар
tiger
кавез
bur
улаз
indgang
зебра
zebra
храна за животиње
dyrefoder
панда
panda

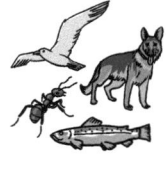

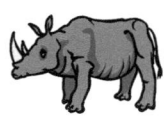

животиње

dyr

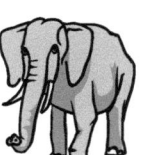

слон

elefant

кенгур

kænguru

носорог

næsehorn

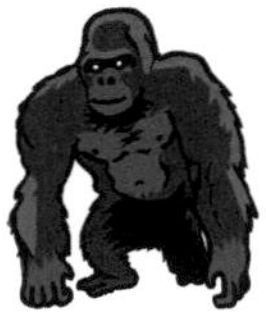

горила

gorilla

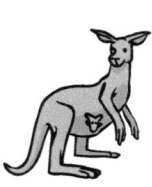

медвед

bjørn

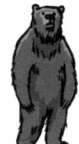

камила
kamel

нoj
struds

лав
løve

мajмун
abe

фламинго
flamingo

папагај
papegøje

поларни медвед
isbjørn

пингвин
pingvin

ajкула
haj

паун
påfugl

змиja
slange

крокодил
krokodille

чувар у зоолошком врту
dyrepasser

туљан
sæl

jaгyap
jaguar

пони

pony

леопард

leopard

нилски коњ

flodhest

жирафа

giraf

орао

ørn

дивља свиња

vildsvin

риба

fisk

корњача

skildpadde

морж

hvalros

лисица

ræv

газела

gazelle

амерички ногомет
amerikansk football

бициклизам
cykling

тенис
tennis

кошарка
basketball

пливање
svømning

бокс
boksning

хокеј на леду
ishockey

фудбал
fodbold

бадминтон
badminton

атлетика
atletik

рукомет
håndbold

скијање
skiløb

поло
polo

скочити
springe

загрлити
give et knus

смејати се
grine

ићи
gå

певати
synge

молити се
bede

пољубити
kysse

сањати
drømme

писати
skrive

цртати
tegne

показати
vise

гурати
skubbe

дати
give

узети
tage

имати

have

чинити

gøre

бити

være

стојати

stå

трчати

løbe

повлачити

trække

бацити

kaste

падати

falde

лежати

ligge

чекати

vente

носити

bære

седити

sidde

облачити

tage på

спавати

sove

пробудити се

vågne

гледати

se på

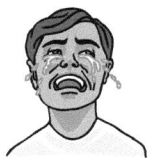

плакати

græde

миловати

ae

чешљати

kæmme

говорити

tale

разумети

forstå

питати

spørge

слушати

høre

пити

drikke

јести

spise

поспремити

rydde op

волети

elske

кухати

koge

возити

køre

летети

flyve

пловити

sejle

рачунати

regne

читати

læse

учити

lære

радити

arbejde

венчати се

gifte sig med

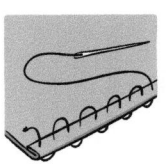

шити

sy

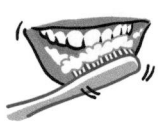

прати зубе

børste tænder

убити

dræbe

пушити

ryge

послати

sende

породица

familie

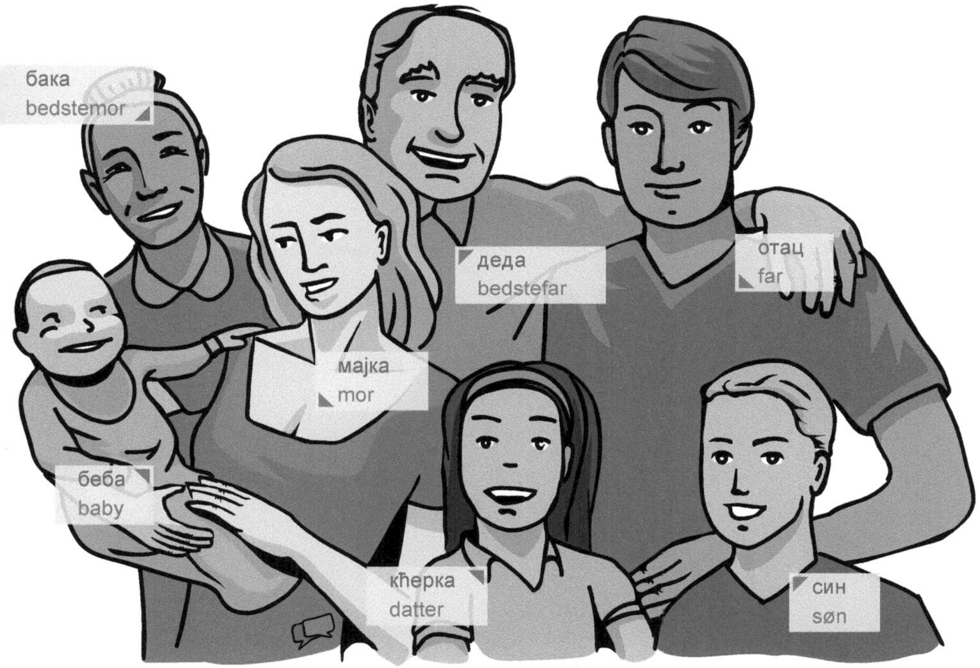

бака
bedstemor
деда
bedstefar
отац
far
мајка
mor
беба
baby
кћерка
datter
син
søn

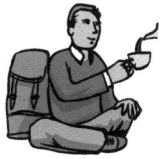

гост

gæst

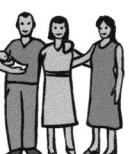

тетка

tante

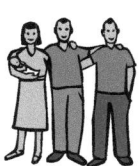

ујак, стриц

onkel

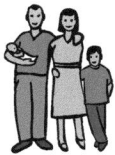

брат

bror

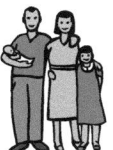

сестра

søster

тело

krop

чело
pande
око
øje
раме
skulder
прст
finger
лице
ansigt
брада
hage
рука
hånd
нога
ben
груди
bryst
рука
arm

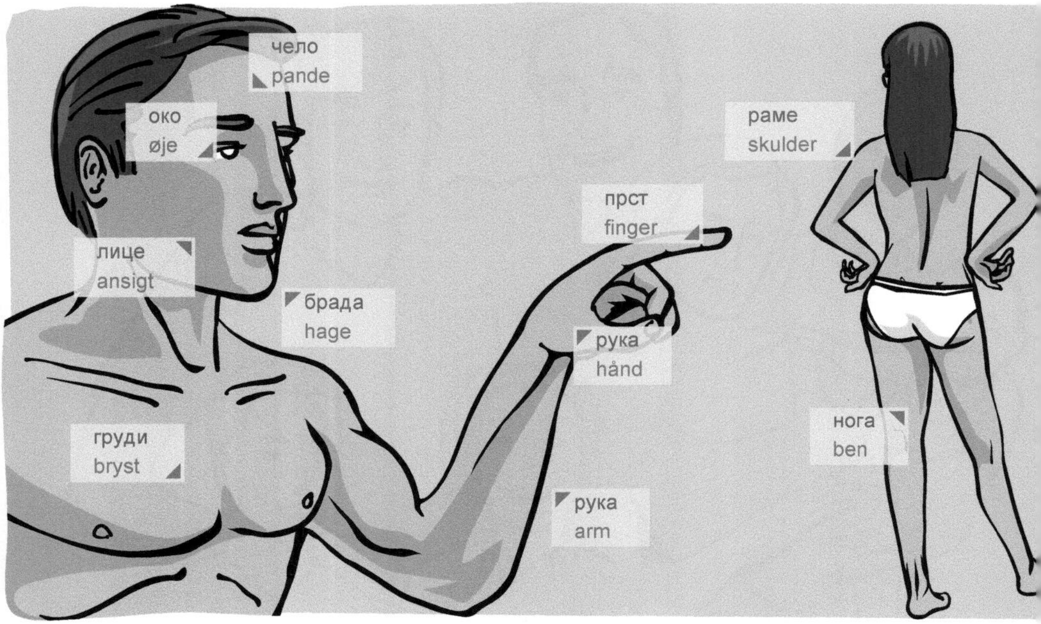

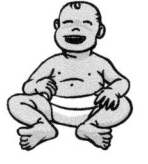

беба

baby

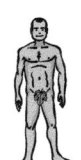

мушкарац

mand

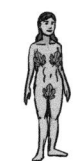

жена

kvinde

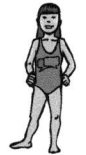

девојчица

pige

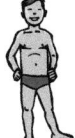

дечак

dreng

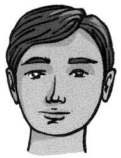

глава

hoved

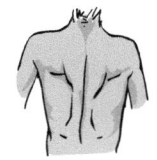

леђа

ryg

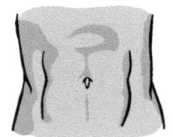

стомак

mave

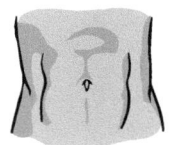

пупак

navle

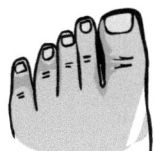

ножни прст

tå

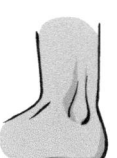

пета

hæl

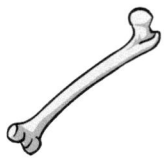

кост

knogle

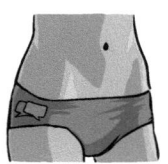

кукови

hofte

колено

knæ

лакат

albue

нос

næse

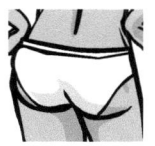

задњица

bagdel

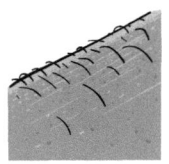

кожа

hud

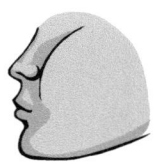

образ

kind

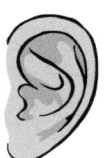

уво

øre

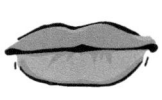

усна

læbe

уста

mund

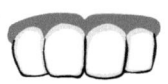

зуб

tand

језик

tunge

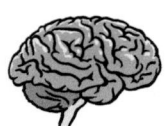

мозак

hjerne

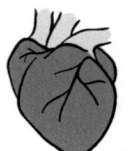

срце

hjerte

мишић

muskel

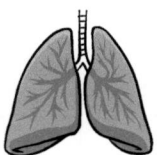

плућа

lunge

јетра

lever

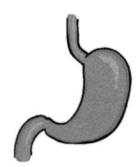

желудац

mavesæk

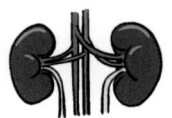

бубрези

nyrer

полни однос

sex

кондом

kondom

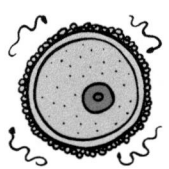

јајна ћелија

ægcelle

сперма

sperm

трудноћа

svangerskab

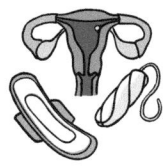

менструација

menstruation

вагина

vagina

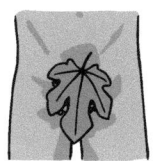

пенис

penis

обрва

øjenbryn

коса

hår

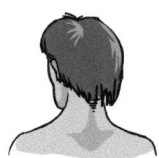

врат

hals

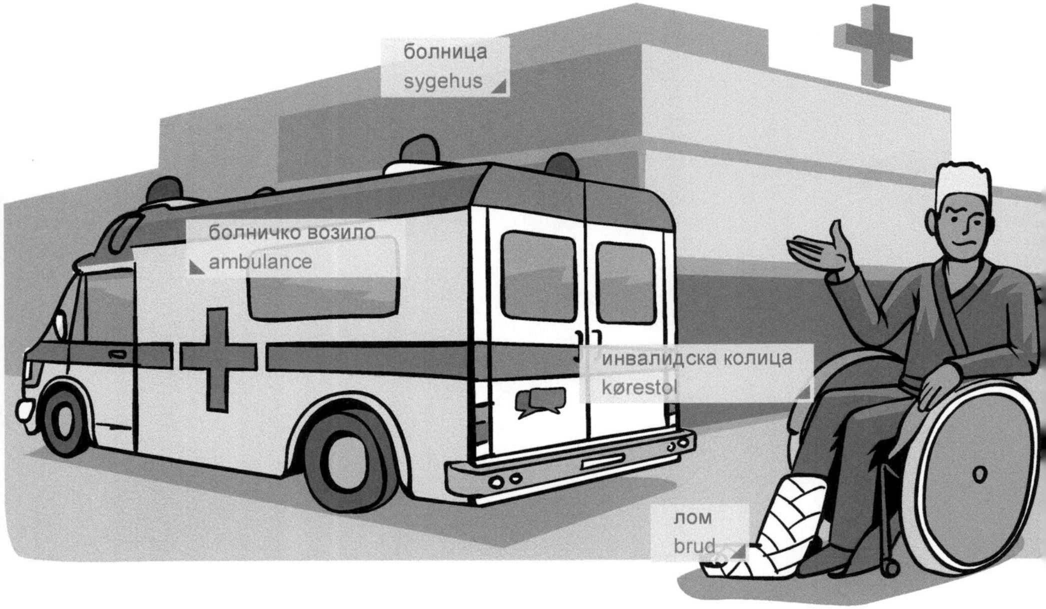

болница
sygehus

болница
sygehus
болничко возило
ambulance
инвалидска колица
kørestol
лом
brud

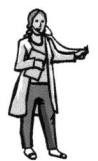

лекар

lække

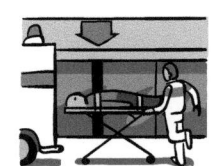

хитна медицинска служба

akutmodtagelse

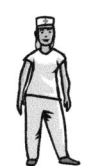

медицинска сестра

sygeplejerske

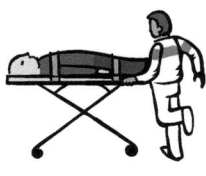

хитни случај

nødstilfælde

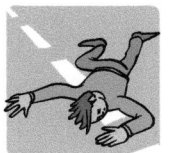

несвест

bevidstløs

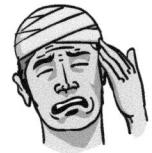

бол

smerte

повреда
skade

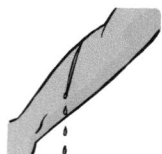

крварење
blødning

срчани удар
hjerteinfarkt

удар
slagtilfælde

алергија
allergi

кашаљ
hoste

грозница
feber

грипа
influenza

пролив
diarré

главобоља
hovedpine

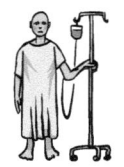

рак
kræft

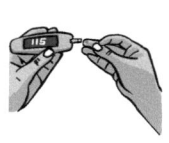

дијабетес
diabetes

хирург
kirurg

скалпел
skalpel

операција
operation

цт
CT

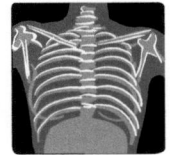

рентген
røntgen

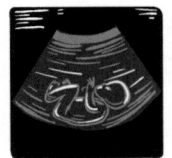

ултразвук
ultralyd

маска
maske

болест
sygdom

чекаона
venteværelse

штака
krykke

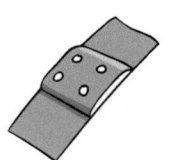

фластер
plaster

завој
forbinding

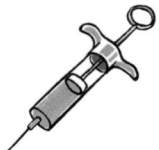

ињекција
injektion

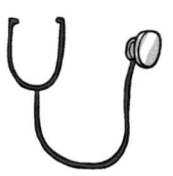

стетоскоп
stetoskop

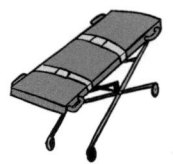

носила
båre

термометар
termometer

рођење
fødsel

прекомерна тежина
overvægt

слушни апарат

høreapparat

средство за дезинфекцију

desinficerende middel

инфекција

infektion

вирус

virus

хив / аидс

HIV / AIDS

медицина

medicin

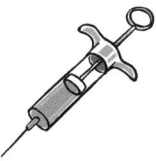

вакцинација

vaccination

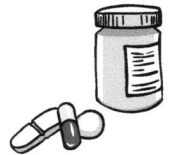

таблете

tabletter

пилула

pille

хитни позив

nødopkald

уређај за мерење притиска

blodtryksmåler

болесно / здраво

syg / rask

помоħ!

Hjælp!

аларм

alarm

насртај

overfald

напад

angreb

опасност

fare

излаз у случају нужде

nødudgang

пожар!

Det brænder!

противпожарни апарат

ildslukker

незгода

uheld

кутија прве помоħи

førstehjælps-kuffert

сос

SOS

полиција

politi

Европа

Europa

Северна Америка

Nordamerika

Јужна Америка

Sydamerika

Африка

Afrika

Азија

Asien

Аустралија

Australien

Атлантик

Atlanterhavet

Пацифик

Stillehavet

Индијски океан

Indiske Ocean

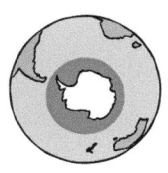

Антарктички океан

Sydlige Ishav

Арктички океан

Ishav

Северни рол

Nordpol

Јужни рол

Sydpol

Антарктик

Antarktis

земља

Jorden

земља

land

море

hav

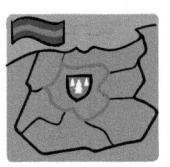

оток

ø

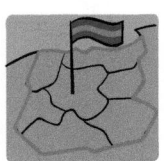

нација

nation

држава

stat

бројчаник сата

urskive

сатна казаљка

timeviser

минутна казаљка

minutviser

секундна казаљка

sekundviser

Колико је сати?

Hvad er klokken?

дан

dag

време

tid

сада

nu

дигитални сат

digitalur

минута

minut

час

time

седмица

uge

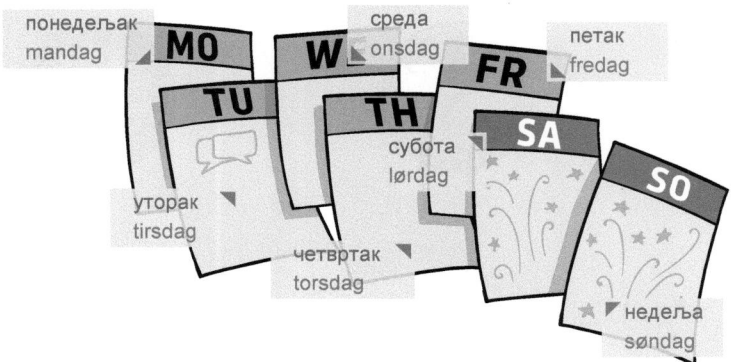

понедељак
mandag
MO

TU
уторак
tirsdag

W
среда
onsdag

TH
четвртак
torsdag

субота
lørdag

петак
fredag
FR

SA

SO

недеља
søndag

jyче
....
i går

данас
....
i dag

сутра
....
i morgen

jyтро
....
morgen

подне
....
middag

вече
....
aften

MO	TU	WE	TH	FR	SA	SU
1	2	3	4	5	6	7
8	9	10	11	12	13	14
15	16	17	18	19	20	21
22	23	24	25	26	27	28
29	30	31	1	2	3	4

радни дани
....
arbejdsdage

MO	TU	WE	TH	FR	SA	SU
1	2	3	4	5	6	7
8	9	10	11	12	13	14
15	16	17	18	19	20	21
22	23	24	25	26	27	28
29	30	31	1	2	3	4

викенд
....
weekend

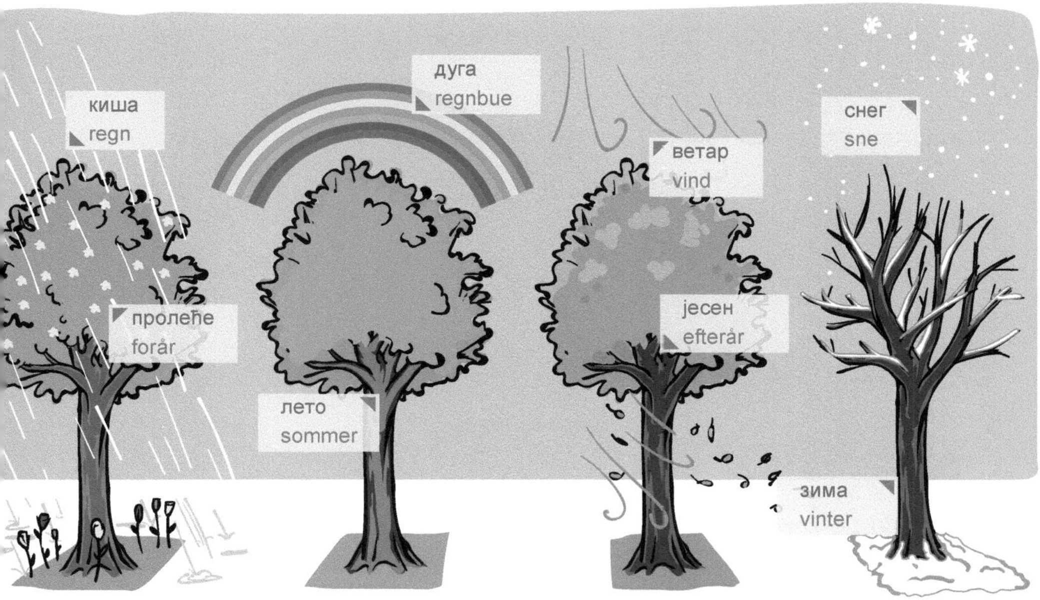

киша
regn
дуга
regnbue
ветар
vind
снег
sne
пролеће
forår
јесен
efterår
лето
sommer
зима
vinter

4.APRIL 11°
5.APRIL 4°
6.APRIL 13°
7.APRIL 8°
8.APRIL 10°

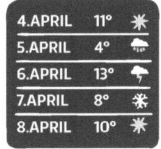

етеоролошка прогноза

vejrudsigt

F
C
120
90
60
30
0
-30
40
30
20
10
0
-10
-20

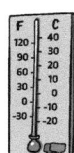

термометар

termometer

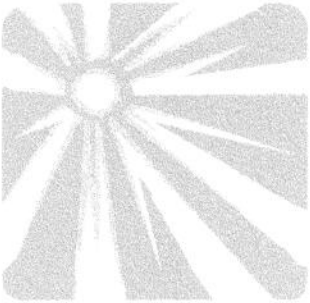

сунчана светлост

solskin

облак

sky

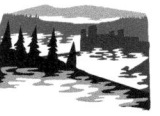

магла

tåge

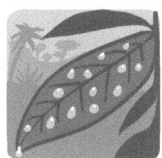

влажност ваздуха

luftfugtighed

муња

lyn

грмљавина

torden

олуја

storm

туча

hagl

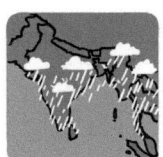

монсун

monsun

поплава

flod

лед

is

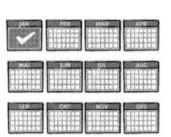

јануар

januar

фебруар

februar

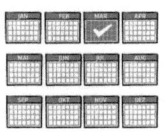

март

marts

април

april

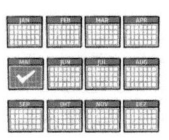

мај

maj

јуни

juni

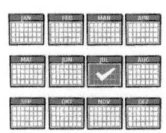

јули

juli

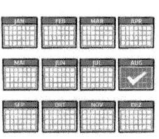

август

august

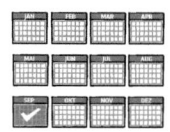

септембар

september

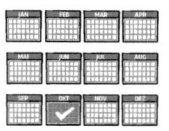

октобар

oktober

новембар

november

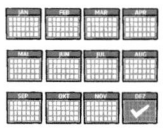

децембар

december

облици

former

круг

cirkel

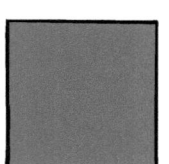

квадрат

kvadrat

правоугао

firkant

троугао

trekant

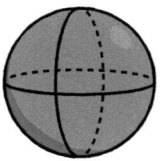

кугла

kugle

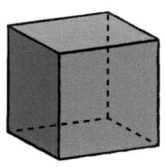

коцка

terning

бела
hvid

жута
gul

наранџаста
orange

ружичаста
pink

црвена
rød

љубичаста
lilla

плава
blå

зелена
grøn

смеђа
brun

сива
grå

црна
sort

много / мало

meget / lidt

љутито / мирно

rasende / fredelig

лепо / ружно

smuk / grim

почетак / крај

begyndelse / slut

велико / малено

stor / lille

светло / тамно

lys / mørk

брат / сестра

bror / søster

чисто / прљаво

ren / snavset

потпуно / непотпуно

fuldkommen / ufuldkommen

дан / ноћ

dag / nat

мртво / живо

død / levende

широко / уско

bred / smal

јестиво / нејестиво

spiselig / uspiselig

зло / добро

vred / venlig

узбуђено / досадно

ophidset / kedet

дебело / мршаво

tyk / tynd

на почетку / на крају

først / sidst

пријатељ / непријатељ

ven / fjende

пуно / празно

fuld / tom

тврдо / мекано

hård / blød

тешко / лагано

tung / let

глад / жеђ

sult / tørst

болесно / здраво

syg / rask

илегално / легално

illegal / legal

паметно / глупо

intelligent / dum

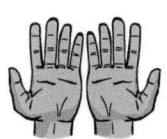

лево / десно

venstre / højre

близу / далеко

nær / fjern

ново / половно
ny / brugt

ништа / нешто
intet / noget

старо / младо
gammel / ung

укључено / искључено
tændt / slukket

отворено / затворено
åben / lukket

тихо / гласно
stille / højt

богато / сиромашно
rig / fattig

тачно / погрешно
rigtig / forkert

храпаво / глатко
ru / glat

тужно / сретно
ked af det / lykkelig

кратко / дуго
kort / lang

полако / брзо
langsom / hurtig

мокро / сухо
våd / tør

топло / хладно
varm / kold

рат / мир
krig / fred

0

нула

nul

1

један

en

2

два

to

3

три

tre

4

четири

fire

5

пет

fem

6

шест

seks

7

седам

syv

8

осам

otte

9

девет

ni

10

десет

ti

11

једанаест

elleve

12

дванаест

tolv

13

тринаест

tretten

14

четрнаест

fjorten

15

петнаест

femten

16

шестнаест

seksten

17

седамнаест

sytten

18

осамнаест

atten

19

деветнаест

nitten

20

двадесет

tyve

100

стотину

hundrede

1.000

хиљаду

tusinde

1.000.000

милион

million

енглески

engelsk

амерички енглески

amerikansk engelsk

мандарински кинески

kinesisk mandarin

хиндски

hindi

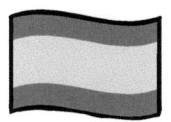

шпански

spansk

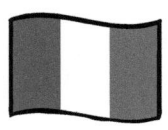

француски

fransk

арапски

arabisk

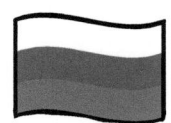

руски

russisk

португалски

portugisisk

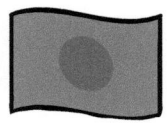

бенгалски

bengalsk

немачки

tysk

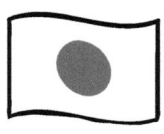

јапански

japansk

ja
....
jeg

ти
....
du

он / она / оно
....
han / hun / den / det

ми
....
vi

ви
....
I

они
....
de

Ко?
....
hvem?

Шта?
....
hvad?

Како?
....
hvordan?

Где?
....
hvor?

Када?
....
hvornår?

име
....
navn

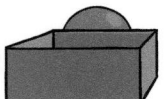

иза

bag

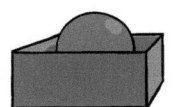

у

i

испред

foran

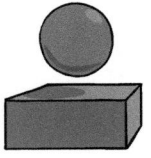

преко

over

на

på

испод

under

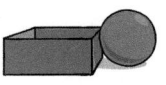

поред

ved siden af

између

imellem

место

sted